Die Wirtschaft Westberlins

Die Wirtschaft Westberlins

BERLINER ZENTRALBANK

Herbst 1949

Verlag Duncker & Humblot, Berlin und München. B 234 ISB, Berlin
Gedruckt von Buch- und Kunstdruckerei Gustav Ahrens, Berlin N 65

Der Hauptzweck dieser Schrift ist es, ein realistisches Bild der wirtschaftlichen Lage Westberlins im Herbst 1949 zu geben. Unvermeidlich sind dabei mehr Schatten- als Lichtseiten aufzuzeigen. Der Pessimist könnte aus dem, was vorgebracht wird, folgern, daß es zunächst der Wiederherstellung der Einheit Deutschlands und der Wiedereinsetzung Berlins als Hauptstadt bedarf, bevor sich die ungünstigen wirtschaftlichen Verhältnisse, insbesondere das Elend der großen Arbeitslosigkeit, überwinden lassen.

Dieser Auffassung kann mit guten Gründen entgegengetreten werden, und zwar nicht nur unter Hinweis auf die hohe politische Bedeutung der Selbstbehauptung Westberlins und den zähen Willen der Berliner, auch in ihrer derzeitig politisch so exponierten Lage zu bestehen, sondern auch unter Betonung der realen Möglichkeiten, die für eine wirksame Besserung der wirtschaftlichen Situation gegeben sind. Viele dieser Möglichkeiten sind allerdings nur unter Einsatz finanzieller Mittel ausnutzbar. Die hiermit verbundenen Belastungen werden sich aber in verhältnismäßig kurzer Zeit auch wirtschaftlich bezahlt machen, da sie wesentlich dazu beitragen würden, die finanzielle Abhängigkeit Westberlins zu verringern.

Inhalt

Die wirtschaftliche Lage Westberlins   Seite

   1. Vielzahl wirtschaftlicher Schwierigkeiten . .   9
   2. Entwicklung der Produktion 13
   3. Beschäftigungslage 17
   4. Ein- und Ausfuhr 21
   5. Versorgung mit Bargeld und Geldkapital . . 27
   6. Die städtischen Finanzen 30
   7. Notwendigkeit vielseitiger Hilfe 33

Das Bankwesen Westberlins

   1. Gliederung der Banken 35
   2. Passivgeschäft 40
   3. Kreditgeschäft 43
   4. Liquidität 46

Die wirtschaftliche Lage Westberlins

1. Vielzahl wirtschaftlicher Schwierigkeiten

Im Sommer 1949 ist erstmalig das ganze Ausmaß der Hilfsbedürftigkeit offenbar geworden, von der Berlin als Folge des verlorenen Krieges und der ihm nachfolgenden politischen und wirtschaftlichen Ereignisse betroffen ist. Vor der Währungsreform verdeckte die Fülle des Geldes sowie das Darniederliegen der Produktion in ganz Deutschland die besondere Notlage der Stadt. Nach der Reform zeigte sich die Not in erster Linie als blockadebedingt. Nunmehr stehen die Westsektoren, wirtschaftlich ausgezehrt, vom Ostsektor der Stadt und dem übrigen sowjetisch besetzten Gebiet Deutschlands politisch und wirtschaftlich getrennt, einer gekräftigten westdeutschen Wirtschaft gegenüber, die selbst einen zähen Kampf um die Ausdehnung ihres Absatzes führt. In dem Ringen um die Selbstbehauptung ist die Berliner Wirtschaft aus mannigfachen Gründen im Nachteil:

a) Der Produktionsapparat ist infolge der im Vergleich zu Westdeutschland viel umfangreicheren Demontagen weniger leistungsfähig.

b) Die Ausstattung mit Rohstoffen und Halbfabrikaten ist weit ungünstiger.

c) Die Versorgung mit Geldkapital ist völlig unzureichend.

d) Für die Instandhaltung, Modernisierung und den Ausbau der Produktionsstätten kann weniger als in Westdeutschland getan werden, so daß schon allein aus diesem Grunde der Wettbewerbsvorsprung des Westens ständig zunimmt.

e) Die Transportkosten sind häufig höher, in einer Reihe von Berufsgruppen auch die Löhne.

f) Die Kaufkraft der Westberliner Bevölkerung ist infolge der großen Arbeitslosigkeit, des hohen Anteils der nicht mehr arbeitsfähigen Bevölkerung, des Vorhandenseins vieler Ostmarkverdienender Westberliner und höherer steuerlicher Belastung niedriger.

g) Die Loslösung des Ostsektors von den westlichen Sektoren und die Herrschaft von zwei Währungen in Groß-Berlin, die sich in keinem ausgeglichenen Verhältnis zueinander befinden, bringen mannigfache Schwierigkeiten mit sich.

Die Erschwernisse in den Handelsbeziehungen mit dem sowjetisch besetzten Gebiet Deutschlands belasten die Westsektoren noch bedeutend mehr als Westdeutschland. Für die im Osten ausgefallenen Märkte konnte ein nur sehr begrenzter Ersatz in der Erhöhung des Absatzes nach Westdeutschland gefunden werden. Die Lieferungen in das sowjetisch besetzte Gebiet sind besonders wegen der Währungsunterschiede nur gering und wurden oft erst durch erhebliche Preisnachlässe möglich. Andererseits ist Westberlin in manchen Branchen, namentlich im Bereich des Handwerks und in den Dienstleistungsgewerben, einem Dumping vom Osten her ausgesetzt.

h) Als Folge der schwierigen Absatzbedingungen sind die noch verfügbaren Produktionskapazitäten weniger ausgenutzt als in Westdeutschland. Dies bedeutet eine oft sehr fühlbare Verteuerung der Produktion.

Aus Vorstehendem ist zu ersehen, daß Berlin auch dann noch sehr hilfsbedürftig sein würde, wenn es gelänge, nach Schaffung der politischen Voraussetzungen wieder zu einer wirtschaftlichen und währungspolitischen Einheit der Stadt zu kommen.

Zu den Vorgängen, die die wirtschaftlichen Nachteile der Zerreißung der Stadt lindern könnten, würde auch eine Annäherung des Kurses von West- und Ostmark gehören. Seit Juni wird die Ostmark in Berlin mit nur wenig mehr als einem Sechstel des Wertes der Westmark notiert (s. Schaubild 1). Die Annäherung ist aber, wie die Erfahrung gelehrt hat, entscheidend abhängig von der Kaufkraft, welche die Ostmark für den Erwerb nicht bewirtschafteter Waren besitzt. Die Behörden des sowjetisch besetzten Gebietes waren indessen bisher nicht in der Lage, zu erreichen, daß das Angebot an Gütern zugunsten der deutschen Bevölkerung wesentlich erhöht wird. Das Angebot in den „Freien Läden" hat sich zwar in den letzten Monaten etwas erhöht. Infolge der sehr viel stärkeren Bes-

Schaubild 1

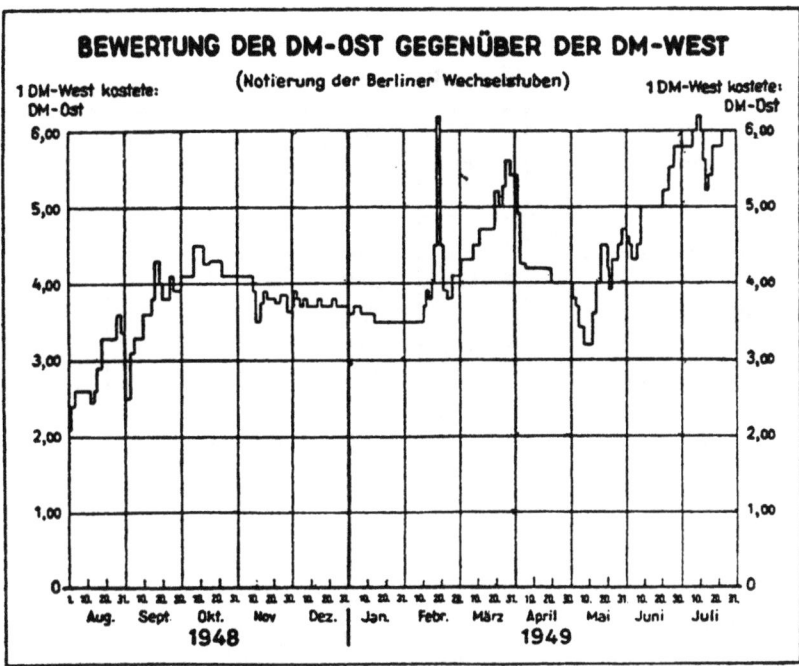

serung der Versorgung in Westdeutschland und vor allem in Westberlin konnte die Zunahme aber nicht zu einer Festigung des Ostmarkkurses führen. Es liegen auch keine Anzeichen dafür vor, daß sich die Situation bald ändern wird.

Von außenstehenden Beobachtern ist die Auffassung vertreten worden, es ließe sich durch eine Senkung der Westberliner Löhne eine nennenswerte Besserung der Wettbewerbslage gegenüber Westdeutschland herbeiführen. In der Tat überwiegen die Fälle, in denen die Westberliner Löhne über den entsprechenden Löhnen in westdeutschen Großstädten liegen. Die Bedeutung dieses Umstandes ist aber unter der Vielzahl der kostenverteuernden Faktoren relativ gering. Im Vergleich zu den Hamburger Löhnen (s. Tabelle 1) sind die Westberliner Löhne in vielen Fällen sogar niedriger. Die wirtschaftliche Zweckmäßigkeit einer allgemeinen Revision des Berliner Lohnniveaus ist daher, selbst wenn sie politisch tragbar und sinnvoll wäre, zu verneinen.

Tabelle 1

Brutto-Stundenlohn in DPfg.
Westberlin — Hamburg

Industriezweig	Ort	Männer		Frauen	
		Fach-	Hilfs-	Fach-	Hilfs-
		Arbeiter		Arbeiter	
Metallhütten-Industrie	Berlin[1])	144,8	111,2		98,9
	Hamburg[2])	138,9	*120,4*		
Eisengießereien	Berlin	160,1	125,0		95,7
	Hamburg	157,9	*129,3*		
Metallgießereien	Berlin	180,8	127,6		100,4
	Hamburg	155,3			
Stahl- und Eisenbau	Berlin	148,2	114,9		
	Hamburg	140,6	108,9		
Maschinenbau	Berlin	148,1	119,1		93,1
	Hamburg	141,1	113,0		*95,6*
Fahrzeugbau	Berlin	141,6	106,7		96,5
	Hamburg	135,5	*130,6*		*119,0*
Elektrotechnik	Berlin	138,4	105,8		95,0
	Hamburg	*146,0*	*109,5*		85,6
Feinmechanik, Optik	Berlin	151,7	111,8		92,1
	Hamburg	143,9	111,7		82,4
Eisen-, Stahl- u. Blechwaren	Berlin	152,8	124,3		106,8
	Hamburg	141,4	118,6		
Maßschneiderei	Berlin	140,1		99,0	
	Hamburg	127,9		*101,1*	
Konfektion	Berlin	139,1		97,3	
	Hamburg	*142,6*		81,3	
Kunststoffverarbeitung	Berlin	144,2	115,8	95,2	87,1
	Hamburg	*150,0*	*119,6*	*101,9*	77,8
Spiritusindustrie	Berlin	117,9	103,8	94,8	87,5
	Hamburg	*132,1*	*108,0*		75,8
Tabakindustrie	Berlin	185,0			98,0
	Hamburg	*201,1*			86,3

[1]) Westberlin Stand 31. 3. 1949
[2]) Hamburg „ September 1948

Zahlen in Kursivdruck: Hamburger Löhne höher als diejenigen Westberlins.

2. Entwicklung der Produktion

Vom Frühjahr 1947 bis zur Währungsreform im Juni 1948 entwickelte sich die Industrieproduktion Westberlins etwa in gleichem Verhältnis wie diejenige Westdeutschlands (s. Schaubild 2). Im Ver-

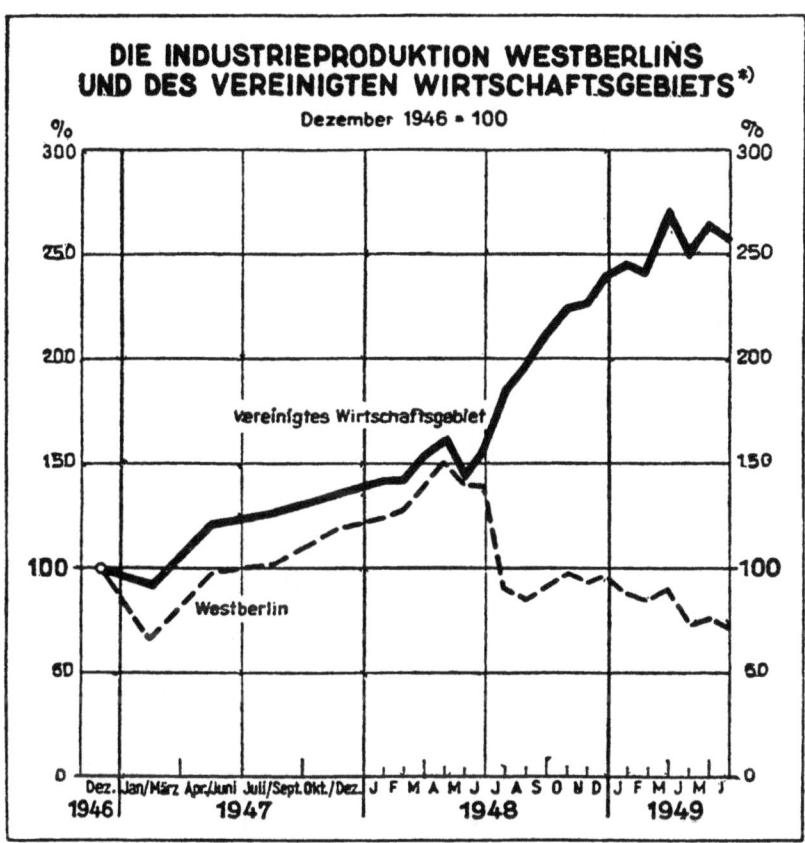

Schaubild 2

*) Für Westberlin wurden die amtlichen Ziffern des Brutto-Produktionswertes zugrunde gelegt, für das Ver. Wirtschaftsgebiet der amtl. Produktions-Index

gleich zur Vorkriegszeit blieb sie freilich infolge der sehr viel ausgedehnteren Demontagen in Berlin und seiner isolierten Lage weit niedriger. In dem harten Winter 1946/47 kam es zu einem tieferen Einbruch in die Produktion als in Westdeutschland. Vom

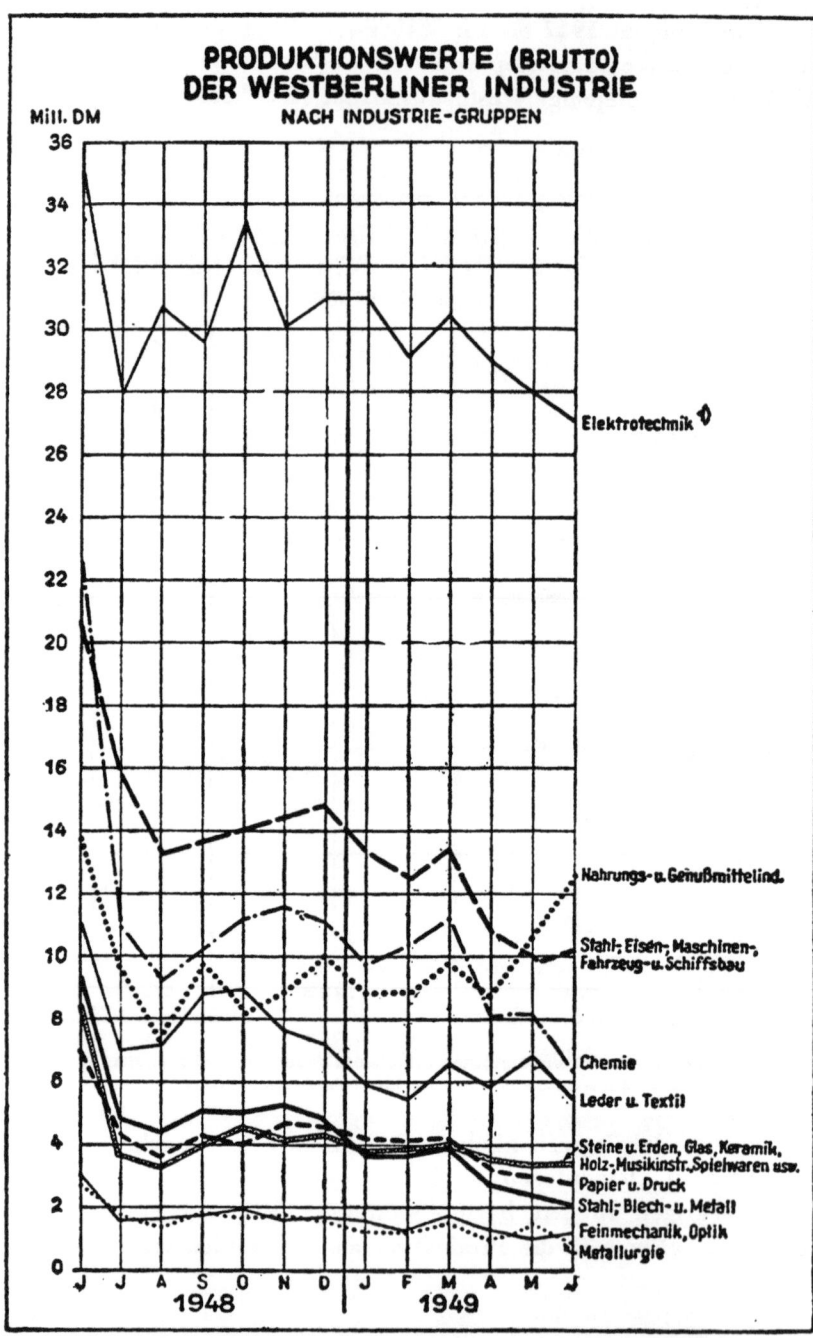

1) Ab 1. 1. 49 liegen Zahlen nur vierteljahresweise vor. Die Vierteljahressummen sind daher auf die Monate Januar—Juni im Verhältnis der Arbeitstage aufgeteilt.

Schaubild 4

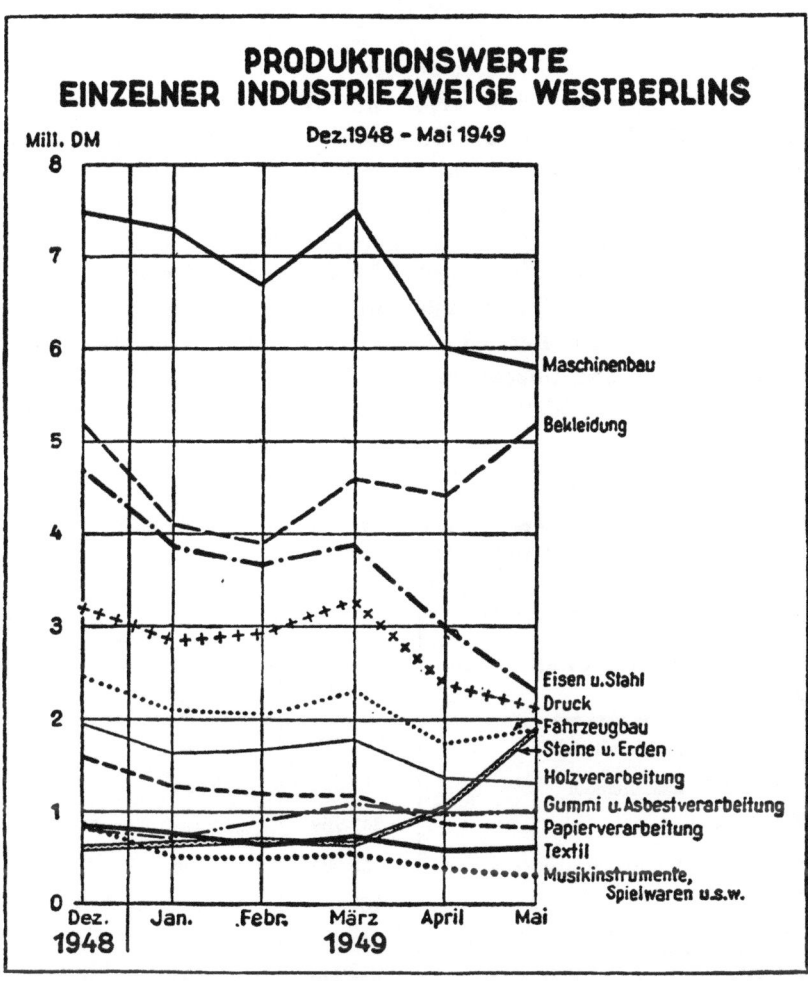

Zeitpunkt der Währungsreform ab, der zugleich Beginn der Blockade ist, war die Entwicklung in Westberlin beinahe ebenso ungünstig, wie sie in Westdeutschland günstig gewesen ist.

Die Währungsumstellung im März 1949 war Anlaß zu einem merklichen Rückgang des Wertes der Industrieproduktion. Ihm entspricht, allerdings nur zum Teil, auch ein Rückgang der produzierten Menge. Im übrigen ist er Ausdruck der allgemeinen Umstellung der Preise auf Westmarkwährung.

Nach Aufhebung der Blockade besserte sich zwar die Versorgung mit Rohstoffen, elektrischer Energie usw., doch wurde die Produktion andererseits zunehmend gehemmt. Nur in einigen Branchen gab es einen bescheidenen Aufschwung, der aber nicht ausreichte, um anderwärts erfolgende Rückgänge auszugleichen (s. Schaubild 3 und 4). Die Situation besserte sich insbesondere für einige Industriezweige mit günstigen Absatzmöglichkeiten in Westdeutschland oder im Ausland, wie z. B. die Elektroindustrie, einige Spezialfirmen des Maschinenbaus und die Gruppe Feinmechanik und Optik. Sie besserte sich ferner für manche Konsumgüterindustrien (Textil und Leder) sowie die Nahrungs- und Genußmittelindustrie. Im Bereich des Handels hat sich besonders die Lage des Groß- und Einzelhandels für Lebensmittel und Verbrauchsgüter gebessert (s. Tabelle 2). Soweit sich eine Aufwärtsentwicklung

Tabelle 2

Umsatzsteuerpflichtige Umsätze der Westberliner Wirtschaft
Oktober 1948 — Juni 1949
in 1000 DM

Wirtschaftszweig	1948	1949	
	Okt./Dez.	Jan./März	April/Juni
Lebensmittel-Einzelhandel	134 373	126 699	157 351
Sonstiger Einzelhandel	152 324	139 694	138 623
Großhandel	247 769	311 498	293 683
Hotels und Gaststättenbetriebe	33 684	30 854	24 350
Handwerk	109 105	95 416	78 682
Bauhandwerk	89 709	83 668	69 728
Industrie	227 616	258 166	170 918
Freie Berufe	36 886	38 578	30 543
Vergnügungsbetriebe	12 485	13 425	9 586
Sonstige Betriebe[1]	167 167	205 426	151 430
Gesamt-Umsatz	1 211 118	1 303 423	1 124 893

[1] darunter u. a. Vertreter, Agenten, Fuhrunternehmungen, Garagen, Vermietung, Leihbüchereien, Dekorateure, Masseure etc.

Tabelle 3

Preise ausgewählter Nahrungsmittel im freien Handel in West- und Ost-Berlin (Mitte Juli 1949)

Waren	Menge	Westberliner Preise im freien Handel	HO-Preise in Ostmark	Umgerechnet zum Kurs 5,80 in Westmark	Preisunterbietg. der HO-Läden vH.
Molkereibutter	500 gr	7.—	35.—	6.03	13,9
Fetter Speck	500 „	8.—	40.—	6.90	13,8
Lachsschinken	500 „	10.—	47.—	8.10	19,0
Aale, frisch	500 „	3.50	12.—	2.08	40,5
Schmelzkäse 30 %	500 „	2.40	10.—	1.73	27,9
Eier (unsort. Gruppe A-D)	Stück	—.44	2.—	—.35	20,4
Haferflocken	500 gr	—.90	4.50	—.78	13,7
Makkaroni	500 „	—.90	4.50	—.78	13,7
Zucker, Raffinade	500 „	1.40	7.50	1.29	7,8
Marmelade, Erdb. Gl.	500 „	2.40	7.90	1.36	43,3
„ , Mehrfr. Gl.	500 „	2.—	6.25	1.08	46,0
Kaffee, gebrannt	500 „	7.— bis 9.—	40.—	6.90	
Weißkohl	kg	—.20	—.48	—.08	60,0
Wirsingkohl	„	—.22	—.54	—.09	59,1

gezeigt hat, ist sie inzwischen häufig wieder beendet, da sich die Geldreserven in den privaten Haushalten vielfach erschöpft haben und die Konkurrenzfähigkeit der Freien Läden nach den dort vorgenommenen Preissenkungen zum Teil beträchtlich zugenommen hat (s. Tabelle 3).

3. Beschäftigungslage

Zu Beginn der Blockade betrug die Zahl der Arbeitslosen 50 270. Am 31. Dezember 1948 war sie auf 119 159 und bis zum 31. März 1949 auf 157 714 gestiegen. Die Einführung der vollen Westmarkwährung brachte neue Schwierigkeiten, zumal die Ausnutzung des Währungsgefälles für Lohnzahlungen und öffentliche Abgaben nun nicht mehr möglich war. Die Zahl der Arbeitslosen betrug am 30. Juni 177 891, bis zum 15. August 1949 stieg sie auf 217 052. Eine der Ursachen für die Verschlechterung seit Aufhebung der Blockade liegt in der Überschwemmung des Berliner Marktes mit Fertigwaren aus dem Westen. Weitere bestehen in der Verringerung der öffentlichen Aufträge und der weitgehenden Aufhebung der Erlaubnis zur Zahlung von Ostmarklöhnen an in Westberlin Arbeitende und dort Wohnende. Diese Erlaubnis hatten rund 2000 Firmen von der Abteilung für Arbeit des Magistrats erhalten, weil sie glaubhaft gemacht hatten, daß sie nur durch Übernahme von Aufträgen gegen Ostmark aus dem Osten zu dort üblichen Preisen zur Weiterbeschäftigung von Arbeitern imstande sind. Die Aufhebung der Erlaubnis erfolgte, weil die Unkosten aus Umtausch von Ostmark gegen Westmark, die ein in Westberlin arbeitender Ostmarkverdiener der Stadt verursachte, größer waren, als die Unkosten eines Arbeitslosen, weiterhin, weil die Zulassung von Ostmarklöhnen bei Westberliner Betrieben oftmals zu einer unlauteren Preisunterbietung auf dem Westberliner Markt geführt hat.

Im Unterschied zu Westdeutschland ist die Steigerung der Arbeitslosigkeit überwiegend auf einen Rückgang der Zahl der Beschäftigten zurückzuführen; die Zahl der unselbständig Beschäftigten verringerte sich in Westberlin vom 30. Juni 1948 bis zum 31. Juli 1949 um über 100 000.

Auch die Zahl der Kurzarbeiter, die bei Aufhebung der Blockade rund 56 000 betrug, ist seitdem weiter gestiegen. Mitte August belief sie sich auf rund 68 000.

Ein Arbeitsloser, sofern er Arbeitslosenunterstützung erhält, bekommt im Monat durchschnittlich rund 100,- DM. Ein erheblicher Teil aller Arbeitslosen empfängt allerdings, da die Anwartschaften nicht erfüllt sind, keine Arbeitslosenunterstützung. Ein großer Teil von ihnen wird von der öffentlichen Fürsorge betreut. Diese zahlt je Unterstützten im Durchschnitt 41,- DM monatlich.

Der Lebensunterhalt der rund 110 000 Westberliner „Grenzgänger" ist ebenfalls äußerst niedrig. Nach der Kürzung der Umtauschsätze, die als Folge der Finanznot der Stadt im Laufe des Juli erfolgte, liegt das durchschnittliche Einkommen der meisten „Grenzgänger" kaum höher als das von Arbeitslosen.

Schaubild 5

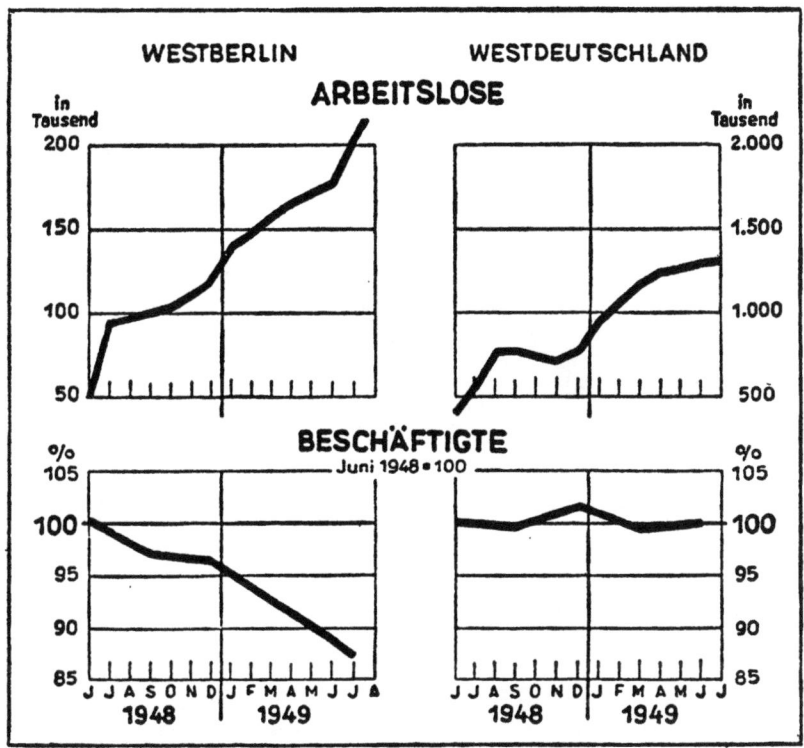

Sehr ungünstig ist auch die Lage eines großen Teils der selbständigen Gewerbetreibenden, die vorwiegend Ostmarkeinnahmen haben. Sie erhielten erstmalig im August in sehr bescheidenem Umfang (Alleinstehende DM 90,— im Monat, Haushaltsangehörige je DM 25,—) einen Anspruch auf Umtausch von Ostmark in Westmark im Verhältnis 1 : 1. Mehr als 30 000 Beschäftigte gehören zu dieser Gruppe. Auch viele kleine Handwerker und Gewerbetreibende der Westsektoren haben kein höheres Einkommen als das eines Empfängers von Arbeitslosenunterstützung, da ein Teil der Bevölkerung dazu neigt, die wegen der niedrigen Bewertung der Ostmark günstigere Preisstellung für Waren und Dienstleistungen im Ostsektor auszunutzen.

Zusammenfassend ist festzustellen, daß wenigstens ein Drittel aller erwerbsfähigen Westberliner keinen höheren Lebensstandard als den von Unterstützungsempfängern hat. *Es ist dies eine Situation, für die es in keiner Großstadt Westdeutschlands einen Vergleich gibt.*

Schaubild 6

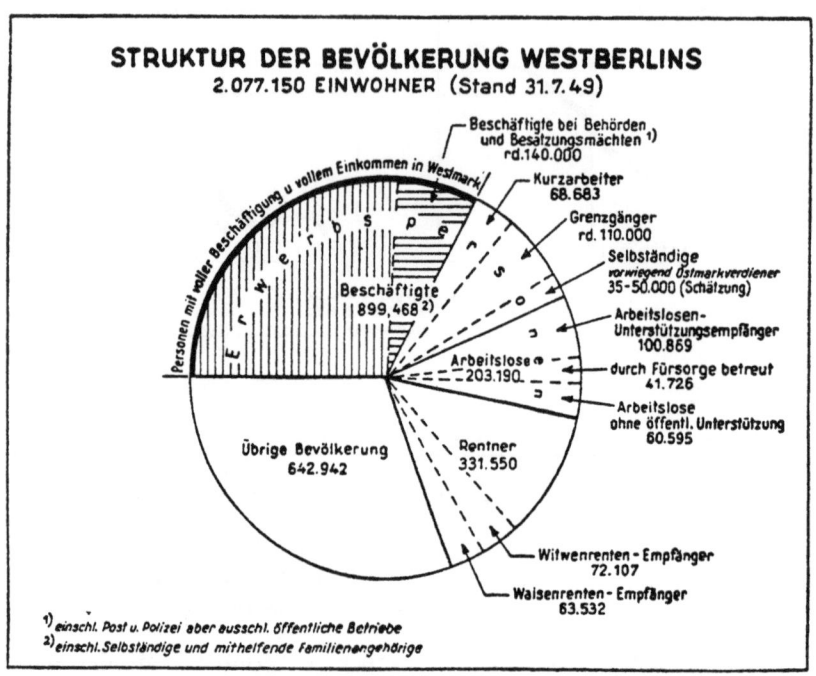

Die Statistik der Arbeitslosen nach Berufszweigen (s. Tabelle 4) läßt erkennen, daß die verschiedenen Berufsgruppen sehr unterschiedlich von der Arbeitslosigkeit betroffen sind. Unter den Männern sind relativ am meisten Arbeitslose im Maschinenbau, Handel und in den Bekleidungsberufen. Bei den Frauen sind besonders die Berufsgruppen Bauwirtschaft und die Metallindustrie betroffen. Innerhalb der Bauwirtschaft handelt es sich vorwiegend um Arbeiterinnen, die bei der Enttrümmerung verwendet worden waren und die in früheren Jahren entweder keinen oder einen anderen Beruf ausgeübt haben.

Besonders hoch ist der Anteil der Arbeitslosen bei den ungelernten Arbeitern. Er betrug am 30. Juni 1949 bei den Männern

Tabelle 4
Arbeitslose Westberlins
Gliederung der Arbeitslosen nach Berufszweigen am 30. 6. 1949

Berufsgruppe bzw. Berufszweig	Absolute Zahlen		In Prozent der unselbständigen Erwerbspersonen der Gruppe	
	Männer	Frauen	Männer	Frauen
Land- u. Forstwirtschaft	1 743	1 674	20,8	20,7
Industrie u. Handwerk	47 471	48 093	17,6	30,3
davon Metallindustrie	7 386	3 886	24,1	35,9
„ Maschinenbau	7 947	2 923	21,2	31,1
„ Elektroindustrie	5 432	4 538	13,1	21,6
„ Bauwirtschaft	14 034	9 641	18,1	36,0
„ Bekleidungsberufe	2 295	11 302	24,5	27,9
Handel u. Verkehr	17 347	15 033	14,3	18,3
davon Handel	9 991	9 925	20,5	20,2
Öffentliche u. private Dienste	12 870	12 527	10,8	10,0
Häusliche Dienste	348	4 871	—	15,3
Sonstige	7 411	8 503	—	—
Gesamtzahl	87 190	90 701	16,6	21,8
Desgl. am 31. 8. 1949	111 178	115 476	20,8	26,9

24,3 % und bei den Frauen 37 % dieser Kategorie. Inzwischen ist er noch weiter gestiegen.

4. Ein- und Ausfuhr

Das gegenwärtig verfügbare statistische Material über die Ein- und Ausfuhr der Westsektoren ist uneinheitlich und lückenhaft. Ein exaktes Urteil über die Entwicklung der Versorgung und des Absatzes der Stadt sowie über das Verhältnis zwischen Ein- und Ausfuhr ist daher noch nicht möglich. Doch läßt sich ein ungefähr zutreffendes Bild geben.

Die westdeutschen *Zufuhren* nach Westberlin haben sich, wenn auch vorübergehend durch den Westberliner Eisenbahnerstreik gehemmt, ständig erhöht (s. Tabelle 5). Auch die Luftbrückenleistung war in den Monaten Mai bis Juli höher als zuvor. Dabei stieg der Anteil der Kohlen an den eingeflogenen Gütern von 66 % im April und Mai auf 76 % im Juni und 89 % im Juli. Von den mit der Eisenbahn im Juli eingeführten Mengen entfielen rund 90 % auf Kohlen.

Tabelle 5

**Wareneinfuhr aus Westdeutschland
nach Westberlin (außer den Zufuhren mit LKW)
Juli 1948 — Juli 1949**

Zeitpunkt	Transportweg	Insgesamt t	davon				
			Kohle	Lebensmittel	Flüssige Brennstoffe	Sonstige Güter	Post
1948, Juli	Luftbrücke	51 704	14 333	37 306	43	22	
Aug.	"	92 298	62 352	29 237	360	350	
Sept.	"	112 807	73 374	38 499	.	935	
Okt.	"	113 903	75 176	36 705	676	1 346	
Nov.	"	87 248	50 411	33 995	996	1 846	
Dez.	"	105 683	57 150	44 962	597	2 974	
1949, Jan.	"	133 939	98 638	29 213	2 539	3 549	
Febr.	"	110 391	74 609	28 200	3 022	4 560	
März	"	153 278	101 873	37 389	8 940	5 028	48
April	"	183 103	125 038	39 766	10 672	7 564	63
Mai	"	195 223	126 819	45 660	15 182	7 544	60
	Eisenbahn	70 765	50 426	16 864	.	3 675	.
	Wasserw.	12 484	2 779	9 012	.	693	.
	SummeMai	278 472	180 024	71 536	15 182	11 912	60
Juni	Luftbrücke	200 614	153 516	28 752	15 525	2 677	145
	Eisenb.*)	.	.	.	.	-	.
	Wasserw.	69 379	25 678	39 561	.	4 140	.
	SummeJuni	269 993	179 194	68 313	15 525	6 817	145
Juli	Luftbrücke	212 468	189 509	12 785	9 420	509	245
	Eisenbahn	242 523	219 125	1 763	313	21 322	.
	Wasserw.	98 596	63 815	31 218	408	3 155	.
	SummeJuli	553 587	472 449	45 766	10 141	24 986	245

*) Eisenbahnerstreik in Westberlin.

Erheblich waren auch die Zufuhren durch Lastkraftwagen. Sie werden für die Zeit vom 12. bis 31. Mai 1949 auf rund 55 000 t und für Juni auf knapp 100 000 t geschätzt. Im Juli trat infolge sowjetischer Behinderungen ein gewisser Rückschlag ein. In der letzten Julidekade wurde das vorhergehende Volumen etwa wieder erreicht. Mit Lastkraftwagen werden vor allem nicht bewirtschaftete Lebensmittel und hochwertige Verbrauchsgüter befördert.

Der Wert der auf dem Land- und Wasserwege aus Westdeutschland eingeführten Waren stieg von DM 80,75 Millionen im Mai (ab 12. Mai) auf DM 135,14 Millionen im Juni und DM 138,5 Millionen im Juli. Von dem Junibetrag entfielen rund DM 121 Millionen auf Güter, die mit Lastkraftwagen eingeführt wurden. Der Bahntransport fiel wegen des Eisenbahnerstreiks aus.

Ein erheblicher Teil der eingeführten Kohlen, bewirtschafteten Nahrungsmittel u. a. wurde zur Anlage von Vorräten verwendet. Das Bemühen geht dahin, bis zum 31. Oktober 1949 Reserven an nicht verderblichen Lebensmitteln und an Kohlen für fünf Monate zu schaffen.

Über die Zusammensetzung der aus Westdeutschland bezogenen Waren gewährt einen, wenn auch begrenzten Einblick die Statistik der Berliner Zentralbank über die von ihr genehmigten Überweisungen und Barzahlungen an die westdeutschen Lieferanten (s. Tabelle 6). Sie lehrt, daß der weitaus größte Teil der Einfuhren aus Lebensmitteln und Fertigwaren bestand. Hieran ändert sich auch dann nichts Wesentliches, wenn unterstellt wird, daß ein erheblicher Teil der Einfuhr, die zusätzlich aus den Exporterlösen finanziert wird — es handelt sich hierbei um einen Betrag von monatlich DM 15 bis 20 Millionen —, aus Rohstoffen besteht.

Im Interesse höherer Beschäftigung in Westberlin würde es liegen, wenn der Anteil der Fertigwareneinfuhr zugunsten der Einfuhr von Rohstoffen und anderen Produktionsmitteln zurückginge. Solange die Wettbewerbsfähigkeit der Westberliner Wirtschaft gegenüber der westdeutschen Konkurrenz so eingeschränkt bleibt, wie in der Gegenwart, ist nicht zu erwarten, daß sich die Westberliner Produzenten allein aus eigener Leistung gegenüber dem westdeutschen Güterangebot hinreichend behaupten.

Tabelle 6

**Wareneinfuhr nach Westberlin
nach den Zahlungsgenehmigungen der Berliner Zentralbank**

Warengruppe	1. Jan.—14. Mai Betrag 1000 DM	Anteil v. H.	15. Mai—30. Juni Betrag 1000 DM	Anteil v. H.	1. — 31. Juli Betrag 1000 DM	Anteil v. H.
Nahrungsmittel	1 955,7	2,6	11 996,5	18,5	15 095,2	25,4
Textilien	19 606,6	25,7	11 973,7	18,5	9 917,1	16,7
Schuhwaren	7 356,5	9,6	7 555,8	11,5	3 576,6	6,1
Autos und Fahrräder	3 167,4	4,2	5 269,5	7,9	5 436,5	9,1
Metallwaren	5 324,6	7,0	4 335.3	6,6	4 562,5	7,7
Maschinen und Werkzeuge	7 442,6	9,7	2 968,8	4,5	3 119,4	5,3
Chemikalien	4 093,7	5,3	3 469,3	5,3	2 669,2	4,5
Baustoffe	302,2	0,4	2 255,2	3,5	2 886,6	4,9
Elektrowaren	9 495,9	12,5	4 433,5	6,7	2 407,4	4,1
Tabakwaren	7 582,5	9,9	4 344,3	6,6	2 498,8	4,2
Lederw., Bijouterie u. Uhren	4 411,5	5,7	2 355,2	3,6	1 727,9	2,9
Sonstiges	5 643,8	7,4	4 462,2	6,8	5 379,0	9,1
	76 383,0	100,0	65 419,3	100.0	59 276,2	100,0
Durchschnitt pro Tag	570,0		1 391,9		1 975,9	

Für die Genehmigung von Überweisungen zur Bezahlung eingeführter Waren sind durch die Berliner Zentralbank in Verbindung mit dem Magistrat Dringlichkeitsstufen als Maßstab eingeführt. Hierdurch soll sichergestellt werden, daß die Bezahlung wichtiger Einfuhren jedenfalls ohne Verzögerung gewährleistet ist. Bisher war es möglich, die Genehmigung von Überweisungen zur Bezahlung auch weniger wichtiger Importe ohne Zeitverlust zu geben. Solange nicht eine gefährliche Verknappung an Bargeld eintritt, wird die bisher geübte Großzügigkeit beibehalten werden können (s. auch die Ausführungen im Abschnitt 5).

Bei einem bedeutenden Teil der eingeführten Güter, insbesondere bei nicht bewirtschafteten Nahrungsmitteln sowie pharmazeutischen und chemisch-technischen Produkten, geschieht die Bezahlung oft unter Umgehung des vorgeschriebenen Verfahrens. Das Volumen des unerlaubten Transfers von Bargeld hat sich aus diesem Grunde in den Monaten Juni und Juli gegenüber den Blockademonaten beinahe verdoppelt. Im August hat es sich als Folge einer Einschränkung der Kaufkraft wieder verringert.

Über den Wert und Anteil der *Lieferungen* nach Westdeutschland, Ostberlin, Ostzone und Ausland sowie über den Verbrauch in Westberlin selbst gibt Tabelle 7 Aufschluß.

Der Anteil Ostberlins und der Ostzone dürfte in Wirklichkeit, namentlich etwa seit Beginn dieses Jahres, einige Prozent höher sein, als statistisch nachgewiesen ist, da ein vergleichsweise hoher Teil gerade dieser Lieferungen behördlich nicht erfaßt ist. Nach Aufhebung der Blockade ist wieder eine Steigerung der Lieferungen in den Osten erfolgt. Infolge der geringen Kaufkraft der Ostmark sind den Lieferungen in den Osten aber solange enge Grenzen gesetzt, als nicht eine großzügige Regelung des Kompensations- und Verrechnungsverkehrs erfolgt und die Deutsche Wirtschaftskommission bereit ist, wichtige Güter nach Westberlin zu liefern.

Tabelle 7

**Lieferungen der Westberliner Industrie
Juli 1948 — Juni 1949[1])**

Werte in Mill. DM

Zeit	Gesamt-Wert	Westberlin		Westzone		Ostberlin		Ostzone		Ausland	
		Wert	Ant. v.H.	Wert	Ant. v.H.	Wert	Ant. v.H.	Wert	Ant. v.H.	Wert	Ant. v.H.
1948, Juli	78,6	46,8	60	9,8	12	9,7	12	11,6	15	0,7	1
Aug.	85,7	49,6	58	14,1	16	9,5	11	11,5	13	1,0	2
Sept.	95,5	57,9	61	16,0	17	9,8	10	10,8	11	1,0	1
Okt.	88,3	52,1	59	16,9	19	8,7	10	9,8	11	0,7	1
Nov.	92,8	54,4	59	17,0	18	9,7	10	11,3	12	0,4	1
Dez.	94,2	55,3	59	18,4	20	9,6	10	10,3	10	0,6	1
1949, Jan.	89,5	51,5	58	21,4	24	6,7	7	8,9	10	0,9	1
Febr.	83,4	50,1	60	21,3	26	5,3	6	6,1	7	0,7	1
März	88,4	57,2	65	18,5	21	5,6	6	6,0	7	1,0	1
April	71,6	43,8	61	20,1	28	3,2	4	3,6	5	0,9	2
Mai	67,3	43,8	65	18,1	27	1,9	3	2,1	3	1,4	2
Juni	65,1	40,6	62	18,3	28	1,7	3	2,5	4	2,7	3

[1]) In dieser Statistik ist nur ein Teil aller Lieferungen erfaßt. Hierin liegt eines der Gründe für die Differenz zu den Zahlen in Tabelle 8.

Einen Einblick in die Struktur der Lieferungen Westberlins, gegliedert nach Warengruppen, gibt die Statistik über die ausgestellten Warenbegleitscheine zur Lieferung von Waren nach Westdeutschland (s. Tabelle 8).

Tabelle 8

Warenlieferungen Westberlins nach Westdeutschland auf Grund ausgestellter Warenbegleitscheine

Warengruppe	Mai 1949		Juni 1949		Juli 1949	
	Menge t	Wert Mill.DM	Menge t	Wert Mill.DM	Menge t	Wert Mill.DM
a) Bahn-, Wasser- u. Landweg						
Verbrauchsgüter	1 734	0,46	5 940	2,49	5 366	5,03
Metallwaren	12 034	1,17	45 885	2,75	79 060	5,11
Maschinenbau	994	0,99	2 305	3,65	1 716	3.88
Elektroindustrie	473	3,71	1 262	12,46	1 396	16,47
Chemische Produkte	114	0,34	1 635	2,17	1 674	2.36
Bücher u. Zeitschriften	3	0,01	63	0,47	84	0.40
Verschiedenes	58	0,10	368	0,17	2 418	0,53
Summe	15 460	6.78	57 458	24,16	91 714	33,78
b) über die Luftbrücke verschiedene Industriegüter	1 721	20,00	719	9,40	315	4,31
Gesamtsumme	17 181	26.78	58 177	33,56	92 029	38,09

Dem Wert nach liegen die Lieferungen der Elektroindustrie weit an der Spitze. Ihnen folgen Lieferungen der Metallwarenindustrie und des Maschinenbaus. Im Juni hat sich der Wert der Warenlieferungen nach Westdeutschland gegenüber den letzten Blockademonaten etwa verdoppelt. Die Lieferungen sind aber immer noch völlig unzureichend.

Die *Westsektoren bezogen* von Mai bis Juli d. J. aus Westdeutschland *ein Vielfaches von dem, was sie* nach dorthin *lieferten*. Das trifft auch dann noch zu, wenn von den Einfuhren abgesehen wird, die für die Anlage von Vorräten verwendet werden.

Der *Auslandsexport* Westberliner Erzeugnisse hat sich seit Aufhebung der Blockade leicht erhöht (s. Tabelle 9). Vom Wert der Exportwaren in den letzten Monaten entfielen rund 60 % auf die Elektroindustrie, 18 % auf den Maschinenbau, 10 % auf die Gruppe Feinmechanik und Optik und etwa 9 % auf die chemische Industrie.

Tabelle 9

Genehmigungen der JEIA für den Export
Westberliner Erzeugnisse
Januar/Juli 1949

Monat	Zahl der Genehmigungen	Wert in Dollar
Januar	360	421 490
Februar	470	624 655
März	718	2 129 437
April	447	946 189
Mai	607	1 562 230
Juni	551	1 408 930
Juli	697	1 680 203
Summe	3 850	8 773 134

12 % der Exportwerte gingen in die Vereinigten Staaten, 9 % nach Großbritannien, insgesamt 11 % nach Österreich, Jugoslawien und Griechenland, der Rest wurde von Ländern West- und Nordeuropas aufgenommen.

5. Versorgung mit Bargeld und Geldkapital

Seit Aufhebung der Blockade ist als Folge der stark passiven Handelsbilanz mit Westdeutschland eine kleine Verminderung des Bargeldvolumens eingetreten. Mit einem geschätzten Betrag von etwa DM 300 Millionen ist aber das derzeitige Bargeldvolumen noch ausreichend. Sofern Berlin in unerläßlichem Umfang weiterhin

Finanzhilfe erhält, ist auch in Zukunft eine ernste Verknappung des Bargeldvolumens nicht zu befürchten. Eine Wiederbelebung der Produktion würde allerdings, gleichbleibende Zahlungssitten vorausgesetzt, zu einem erhöhten Bargeldmittelbedarf führen. In diesem Fall ist aber auch eine Ausweitung der von Westdeutschland an Berlin gegebenen Kredite zu erwarten, was wiederum die Möglichkeit für eine Erweiterung auch des Bargeldvolumens geben würde.

Unzureichend und ungünstiger als in Westdeutschland ist gegenwärtig die Ausstattung der Betriebe mit Betriebsmitteln. Das gilt in gleicher Weise für das Volumen an eigenen und an fremden Mitteln (s. Schaubild 7). Ein relativ niedrigeres Volumen der gewährten kurzfristigen Betriebsmittelkredite in Westberlin im Vergleich

Schaubild 7

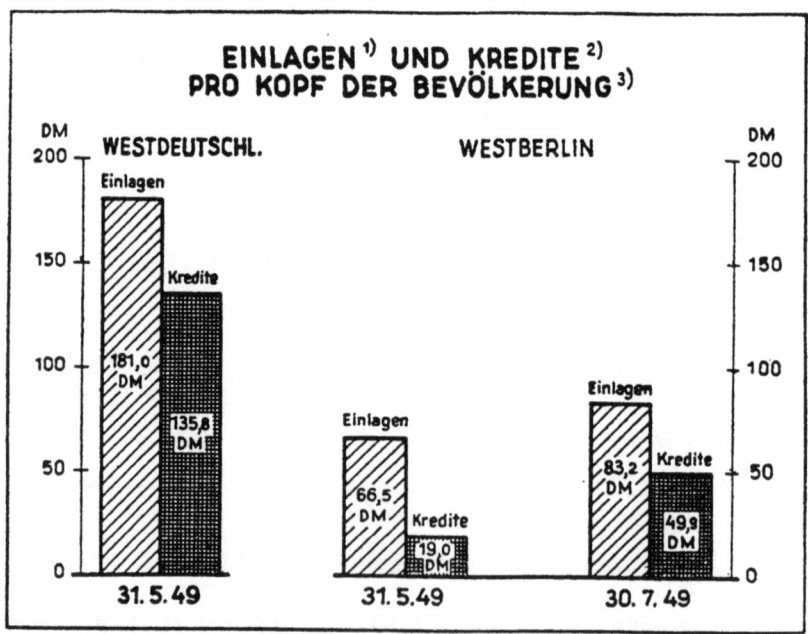

1) ohne öffentliche Einlagen bei Banken.
2) an Wirtschaftsunternehmen und Private.
3) westdeutsches Währungsgebiet: 47,6 Mill. Einwohner
   Westberlin   2,1   „   „

zu Westdeutschland ist zwar als natürlich anzunehmen. Es ergibt sich aus der unterschiedlichen Entwicklung der Produktion in Westdeutschland und in Westberlin, die sich erst in einem längeren Zeitraum wird beseitigen lassen. Doch ist die Differenz so erheblich, daß in ihr eine ernste geld- und kreditwirtschaftliche Benachteiligung Westberlins zu sehen ist. Unter den Gründen, die zu dieser Lage geführt haben, ist zunächst die Nichtberücksichtigung der sogenannten Uraltkonten bei der Währungsreform anzuführen. Die Vorteile in der Geldversorgung, die Westberlin in anderer Hinsicht gegenüber Westdeutschland eingeräumt wurden (z. B. Nichtanrechnung der Kopfquote auf die im Zuge der Währungsreform umgestellten Guthaben), haben diesen Nachteil nur zu einem Bruchteil wieder ausgeglichen. Eine weitere Ursache für die niedrige Höhe der Einlagen liegt in der geringen Gelegenheit zur Neubildung von Geldkapital während und nach der Aufhebung der Blockade.

In letzter Zeit ist es zu einer kleinen Annäherung des Berliner Volumens an kurzfristigen Betriebsmittelkrediten an das westdeutsche Niveau gekommen, doch ist der Abstand immer noch sehr erheblich. Eine Besserung wäre von einer Ausdehnung der Refinanzierungsmöglichkeiten der Berliner Zentralbank bei der Bank deutscher Länder zu erwarten. Hierzu wäre vor allem nützlich, wenn die Ausgleichsforderungen, die den Westberliner Geschäftsbanken bei der Währungsumstellung im März 1949 gegen die Stadt Berlin gegeben wurden, von der Berliner Zentralbank nach den gleichen Grundsätzen beliehen und als Kreditunterlage gegenüber der Bank deutscher Länder verwendet werden könnten, wie es in Westdeutschland den Landeszentralbanken gestattet ist. Am 30. Juni 1949 betrugen die Ausgleichsforderungen der Geschäftsbanken DM 98 Mill., das sind 62,4 % der Einlagen.

Nachteilig für die Befriedigung des Bedarfs an Betriebsmittelkrediten ist auch, daß nicht selten westdeutsche Lieferanten mit Rücksicht auf ein von ihnen angenommenes besonderes Berliner Risiko ihren Abnehmern die Zahlung durch Wechsel verweigern.

Die Höhe des ungedeckten Bedarfs der Westberliner Wirtschaft an Betriebsmittelkrediten läßt sich für die Gegenwart auf etwa DM 50 Millionen schätzen. Über den Umfang der künftig zusätzlich benötigten Betriebsmittelkredite lassen sich noch keine zuverlässigen Angaben machen.

Völlig unzureichend ist die Versorgung Westberlins mit Investitionskapital. Die Bildung von neuem Geldkapital ist in der darniederliegenden Wirtschaft verschwindend gering. Die öffentliche Hand, die öffentlichen und privaten Versicherungsträger fallen im Gegensatz zu Westdeutschland für die Kapitalbildung aus. Die Spareinlagen sind äußerst niedrig und nehmen nur sehr zögernd zu.

Das Volumen des Bedarfs an Investitionskrediten ist davon abhängig, in welchem Ausmaß die Westberliner Wirtschaft wieder aufgebaut wird. Derjenige Bedarf an Investitionskrediten, dessen Befriedigung im Interesse der Erhaltung und Modernisierung der noch verbliebenen Anlagen möglichst innerhalb eines Jahres dringend zu wünschen ist, kann (einschließlich eines Betrages von DM 55 Millionen zum Wiederaufbau des Kraftwerkes West) auf etwa DM 450 Millionen beziffert werden. Die Hergabe dieses Betrages bildet eine wichtige und unerläßliche Voraussetzung für eine Erhöhung der Wettbewerbsfähigkeit, der Rentabilität und des Beschäftigungsvolumens.

6. Die städtischen Finanzen

In den vergangenen Monaten bis Mitte Juli 1949 erhielt die Stadt Berlin im Monatsdurchschnitt etwa DM 95 Millionen an Zuschüssen. DM 40 Millionen gab jeweils das Vereinigte Wirtschaftsgebiet.

Für das Haushaltsjahr 1949/50 wurden die Zuschüsse des Vereinigten Wirtschaftsgebietes auf rund DM 20 Millionen im Monatsdurchschnitt herabgesetzt, doch zwangen die Verhältnisse dazu, daß von April bis Juli 1949 DM 146 Millionen, d. h. rund DM 36,5 Millionen im Monatsdurchschnitt gegeben wurden. DM 53 und später 58 Millionen stellte die Militärregierung (aus Counterpart funds) zur Verfügung. Nach Abzug der Kosten, die aus dem An- und Abtransport der in Westdeutschland gekauften bewirtschafteten Waren (Nahrungsmittel, Kohle usw.) zu und von den westdeutschen und Berliner Häfen der Luftbrücke entstanden, verblieben der Stadt Berlin monatlich rund DM 72 Millionen.

Eine ernste Lage ergab sich durch eine Anweisung des Zweimächtekontrollamts vom 8. Juli 1949, welche bestimmte, daß der Betrag, der Berlin bisher aus dem Counterpart funds gegeben wurde, ab 14. Juli 1949 um monatlich ein Viertel vermindert wird. Soweit sich die Herabsetzung der Zuschüsse nicht durch eine Verringerung der Ausgaben ausgleichen ließe, sollten die Zuschüsse Westdeutschlands erhöht werden. Auf Grund dieser Anweisung ordnete die Alliierte Kommandantur u. a. die Aufstellung eines revidierten, den veränderten Verhältnissen entsprechenden Haushaltsplanes an. Der vor Bekanntwerden der Kürzung der Zuschüsse am 22. Juni 1949 vom Magistrat aufgestellte Haushaltsplan, der noch die Verhältnisse vor Aufhebung der Blockade zugrundelegte, schloß mit Einnahmen und Ausgaben von je DM 1 970 000 000,— ab. Der am 21. Juli 1949 von der Stadtverordnetenversammlung festgestellte Haushaltsplan verminderte den Betrag der Ausgaben auf DM 1 720 000 000,—. Mehr als die Hälfte der Verminderung ist auf die niedrigere Ansetzung von Ausgaben für Luftbrückentransporte und Besatzungskosten zurückzuführen. Erheblich sind aber auch die Einsparungen, die innerhalb der Verwaltung und bei der Vergebung öffentlicher Aufträge sowie bei Maßnahmen zugunsten der Währungsgeschädigten gemacht wurden. Durch Steuererhöhungen und die Einführung eines Währungsnotopfers erhöhten sich die geplanten ordentlichen Einnahmen um DM 117 Millionen. Sie verminderten sich andererseits infolge eines erwarteten Rückganges von Verwaltungseinnahmen und Betriebsüberschüssen um DM 17 Millionen. Der trotz aller Bemühungen um Einsparung noch verbliebene Fehlbetrag, der nicht durch gesicherte Zuschüsse Westdeutschlands und die noch in Aussicht gestellten Mittel aus Counterpart funds gedeckt ist, beträgt DM 253 Millionen (s. Schaubild 8 u. 9). Für die Zeit bis zur Konstituierung der westdeutschen Regierung ist dem Berliner Magistrat vom Haushaltsausschuß des Wirtschaftsrats eine Übergangshilfe von DM 75 Millionen zugesagt worden. Es bleibt also noch ein ungedeckter Betrag von DM 178 Millionen. Es ist zu hoffen, daß bald Klarheit über die Art seiner Aufbringung geschaffen wird.

Der Zuschußbedarf der Stadt Berlin beträgt nach den vorgenommenen Kürzungen der Ausgaben monatlich rund DM 60 Millionen. Eine wesentliche Verringerung dieser Summe ist, solange die ungünstige Wirtschaftslage andauert, nicht zu erreichen. Die nunmehr noch geplanten Ausgaben der Stadt weisen, von geringen Ausnahmen abgesehen, ein hohes Maß von Unelastizi-

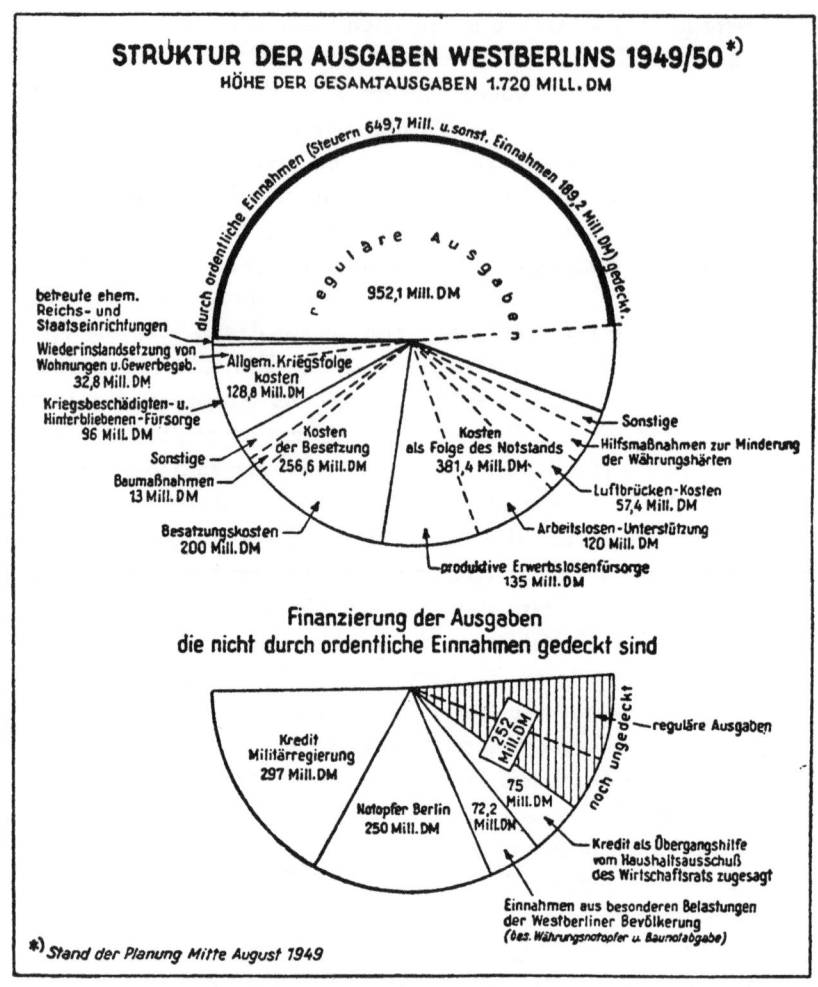

tät auf, d. h. Kürzungen, die wirklich ins Gewicht fallen, sind im allgemeinen nur noch auf Kosten einer entsprechenden Erhöhung der Arbeitslosigkeit möglich. Die Wirtschaft ist gegenwärtig nicht imstande, einen nennenswerten Teil derjenigen Menschen aufzunehmen, die infolge der öffentlichen Sparmaßnahmen ihre wirtschaftliche Existenz verlieren. Erst wenn es zu Kapitalinvestierungen gekommen ist und die Wirtschaft der Westsektoren auch von anderer Seite her, insbesondere durch eine verstärkte Eingliederung in die Wirtschaft Westdeutschlands, gekräftigt ist, wird auch der Zuschußbedarf der Stadt weiter verringert werden können. Dann werden die Einnahmen aus Steuern, die gegenwärtig zwangsläufig weniger ergiebig als in Westdeutschland sind, zunehmen und die Ausgaben für Erwerbslose, produktive Erwerbslosenfürsorge, Währungsgeschädigte und für Hilfsmaßnahmen zugunsten der Wirtschaft usw. abnehmen.

Die Auffassung, es ließen sich die Zuschüsse an die Stadt zu einem bedeutenden Teil einsparen, sofern nur der Wirtschaft entsprechend hohe Mittel für produktive Zwecke gegeben würden, ist in dieser allgemeinen Form nicht haltbar. Es bedarf einer mehrmonatigen Anlaufzeit, bis sich die der Wirtschaft zusätzlich gewährten Mittel auch nachhaltig in einer Besserung der Beschäftigungslage auswirken. Weitere Kürzungen der öffentlichen Ausgaben führen dagegen, wie die Erfahrung bereits gezeigt hat — von einigen Ausnahmen abgesehen —, zu einer unmittelbaren und sehr fühlbaren Erhöhung der Arbeitslosigkeit. Dies wiederum wirkt lähmend auf das wirtschaftliche Leben im ganzen und hebt die positiven Wirkungen einer Finanzhilfe an die Wirtschaft ganz oder zum erheblichen Teil wieder auf. Eine weitere Begleiterscheinung wäre die erneute Beeinträchtigung der Einnahmen aus Steuern und infolgedessen die Erhöhung des Zuschußbedarfs.

7. Notwendigkeit vielseitiger Hilfe

Zusammenfassend kann gesagt werden, daß die Maßnahmen für eine durchgreifende Besserung der wirtschaftlichen Lage Westberlins sehr vielseitig sein müssen. Eine Lösung, die es nur auf Überwindung eines einzelnen der bestehenden Nachteile abstellt, wird auch im günstigsten Falle nur ein bescheidenes Ergebnis haben können. Von allgemeiner Bedeutung ist es allerdings, daß Westberlin im Rahmen der westdeutschen Wirtschaftspolitik als den westdeutschen Ländern gleichberechtigt behandelt wird.

Von besonderer Bedeutung im einzelnen ist eine ausreichende Kredithilfe. Die nunmehr in Aussicht gestellte Einbeziehung der

Westsektoren in den Marshall-Plan wird nachhaltige deutsche Kredithilfe für die Wirtschaft nicht entbehrlich machen können. Einen vollen Erfolg kann sie allerdings nur haben, wenn die bestehenden Zuschüsse an die Stadt Berlin einstweilen in ansehnlicher Höhe weiterfließen, fernerhin, wenn mehr als bisher westdeutsche Aufträge an Betriebe in den Westsektoren vergeben werden und davon abgesehen wird, den Aufbau von Industriezweigen in Westdeutschland zu fördern, in denen bisher Berlin führend gewesen ist. Hierzu empfiehlt es sich, daß auch die behördlichen Investitionspläne für Westdeutschland und für Berlin nicht wie bisher getrennt, sondern als eine Einheit aufgestellt werden.

Schließlich ist erforderlich, daß Wirtschaftszweige der Westsektoren, die gegenüber der westdeutschen Konkurrenz noch nicht wieder voll wettbewerbsfähig sind, obwohl die Voraussetzungen hierzu unter normalen Umständen gegeben wären, gestützt und gekräftigt werden.

Von hohem Nutzen wäre es natürlich, wenn es zu einer Belebung des Handelsverkehrs mit dem sowjetisch besetzten Gebiet Deutschlands kommen würde. Es würde bei gutem Willen den zuständigen Behörden des sowjetisch kontrollierten Gebiets durchaus möglich sein, in demjenigen Umfang wertvolle und begehrte Güter aus dem Osten nach Westberlin zu liefern, in dem die Westsektoren ihrerseits zu leisten imstande sind. Notfalls wird sich aber auch ohne Wiederherstellung der natürlichen Handelsbeziehungen mit dem Osten die Lage meistern lassen. Erforderlich wäre dann allerdings eine noch stärkere Eingliederung der Wirtschaft der Westsektoren in die Wirtschaft Westdeutschlands, als das ohnehin geboten ist.

Wie groß auch die wirtschaftlichen Schwierigkeiten in der Gegenwart sind, der Wille zur Selbstbehauptung und die Arbeitsamkeit der Berliner werden, in Verbindung mit tatkräftiger Hilfe des Westens, zu einer wesentlichen Besserung der Lage führen und damit auch die Voraussetzungen für eine Verringerung der finanziellen Abhängigkeit vom Westen schaffen können.

Das Bankwesen Westberlins

1. Gliederung der Banken

Der fast restlosen Demontage der Berliner Industrie in den ersten Monaten nach dem Zusammenbruch entsprach die Schließung aller Berliner Geldinstitute im Mai 1945. Während aber der Wiederaufbau der Industrie, jedenfalls in Westberlin, sofort wieder auf allen Gebieten einsetzte, wobei die Möglichkeit freier Entfaltung persönlicher Initiative zu erstaunlichen Erfolgen führte, blieb es den Banken versagt, an alte Namen und Traditionen anzuknüpfen und am Neuaufbau der Stadt mit noch vorhandenen Mitarbeitern, Beziehungen und Aktiven mitzuwirken. Der Neuaufbau von Geldinstituten blieb auf den öffentlichen Sektor und (in zeitlichem Abstand sowie in einem begrenzten Umfang) auf das Genossenschaftswesen begrenzt. Dabei waren die neu erstandenen Institute, nämlich das Berliner Stadtkontor und die Sparkasse der Stadt Berlin sowie die Berliner Volksbank e.G.m.b.H., in einer unabhängigen Bankpolitik und vernünftigen Anknüpfung an die Vergangenheit durch mannigfache Umstände gehindert.

Erst durch die Spaltung Berlins und die anschließende Trennung des Bankenapparates begann eine freiere Entwicklung. Heute zeigt sich folgendes Bild:

Das bedeutendste Institut ist das **Berliner Stadtkontor West** mit 13 Bezirksbanken und 26 Zweigstellen, das heute (vom Postscheckamt abgesehen) allein vier Fünftel der allerdings stark geschrumpften bankmäßigen Funktionen Westberlins auf sich vereint. Als Außenhandelsbank vertritt es Westberlin bisher allein im Auslandsgeschäft. Einstweilen ein Eigenbetrieb der Stadt Berlin, wird es voraussichtlich in Kürze in Form einer Aktienbank und unter neuem Namen verselbständigt werden.

Die **Sparkasse der Stadt Berlin West** ist mit 21 Spar- und Girokassen sowie etwa 50 Sparstellen der Träger des Spargedankens, der in dem durch Kontensperren und Währungsreformen besonders mitgenommenen Berlin schwerer als in Westdeutschland wieder an Boden gewinnt.

Auf dem Genossenschaftssektor hat Westberlin 11 Volksbanken aufzuweisen, die zwar juristisch noch Filialen der im Ostsektor gelegenen Berliner Volksbank e. G. m. b. H. sind, aber, praktisch von der Zentrale abgetrennt, unter einer westlichen Leitstelle zusammengefaßt arbeiten. Die spätere Aufteilung in einzelne bezirkliche Institute, wie sie dem Genossenschaftsgedanken entspricht, ist vorgesehen.

Eine ungefähre Übersicht über die Größenordnung dieser drei Kreditinstitute ergibt ein Vergleich ihres Bilanzvolumens.

Tabelle 10

Bilanzvolumen der Westberliner Kreditinstitute
31. Juli 1949
Beträge in Mill. DM

Kreditinstitut	Westmark		Ostmark	
	Betrag	Anteil v. H.	Betrag	Anteil v. H.
Berliner Stadtkontor	161,1	85,0	106,3	93,8
Sparkasse der Stadt Berlin	19,0	10,2	3,2	2,8
Volksbanken	8,9	4,8	3,8	3,4
	189,0	100,0	113,3	100,0

In dieser Übersicht sind noch nicht die privaten Banken enthalten, die nach der Spaltung Berlins gegründet wurden. Die Blockade mit ihrer Strangulierung der Berliner Wirtschaft machte die Neugründung von Banken scheinbar sinnlos, aber der Glaube an Berlin war wie bei Handel und Industrie so auch in der Bankwelt nicht zu brechen, und schon Wochen vor der Aufhebung der Blockade lagen dem Bankenaufsichtsamt zahlreiche Anträge auf Eröffnung von neuen Banken vor.

Nach dem Stand vom 1. September 1949 sind in Westberlin die in der folgenden Übersicht aufgeführten Institute tätig oder nehmen nach bereits erfolgter Zulassung ihre Geschäftstätigkeit demnächst auf. Soweit Verbindungen zu früheren Berliner Banken bestehen, ist dies vermerkt.

Berliner Geld- und Kreditinstitute

Berliner Zentralbank
    Berlin-Charlottenburg 4
    Bismarckstr. 48—52

Berliner Bank für Handel und   (Dresdner Bank)
Industrie A.G.
    Berlin-Charlottenburg 2
    Uhlandstr. 11

Berliner Discontobank A.G.   (Deutsche Bank)
    Berlin W 35
    Potsdamer Str. 131

Berliner Industriebank A.G.   (Deutsche Industriebank A.G.)
    Berlin W 15
    Kurfürstendamm 188/89

Berliner Stadtkontor West
    Berlin-Charlottenburg 4
    Bismarckstr. 48—52

Berliner Volksbank e.G.m.b.H.
    Berlin W 30
    Wittenbergplatz 2

Ernst Decot   (Adolf Becker)
    Berlin W 50
    Kurfürstendamm 234

Genossenschaftsbank Schöneberg-   (Volksbank Friedenau/Schöne-
Friedenau e.G.m.b.H.   berg e.G.m.b.H.)
    Berlin-Friedenau
    Schmargendorfer Str. 6

Bankhaus Holbeck K.G.   (Commerzbank A.G.)
    Berlin-Friedenau
    Rheinstr. 55

Leising & Co.   (E. J. Meyer)
    Berlin W 30
    Budapester Str. 42

Postscheckamt Berlin-West
  Berlin-Charlottenburg 9
  Dernburgstr. 50

Sparkasse der Stadt Berlin West
  Berlin-Wilmersdorf
  Berliner Str. 40

Hans Weber K.G. a. A.
  Berlin W 50
  Kurfürstendamm 15

Es ist zu erwarten, daß die Militärregierungen auch noch weitere Anträge genehmigen, falls es sich um besonders fundierte Unternehmen handelt, die eine nennenswerte Förderung der Berliner Wirtschaft versprechen. Mit einer völligen Gewerbefreiheit im Bankwesen wird jedoch kaum zu rechnen sein.

Die Aktienbanken haben vorläufig nur das gesetzlich vorgeschriebene Mindestkapital von 500 000,— DM. Das ist nach früheren Maßstäben gering, aber auch nur als ein Anfang zu werten.

Die Neugründung von Banken ist von der Wirtschaft seit langem erwartet worden, weil sie neue Impulse für Handel und Gewerbe verspricht. Insbesondere darf mit einer engeren bankmäßigen Verknüpfung mit Westdeutschland und langsam auch mit dem Ausland gerechnet werden.

Es ist zu wünschen, daß sich innerhalb der Berliner Banken nunmehr ein gesunder Wettbewerb entwickelt. Angesichts des kleinen Umfangs, den das Geschäft der Banken seit Kriegsende durch die Blockierung sämtlicher alten Konten und den Verlust aller Wertpapiere hatte, kann dieser Wettbewerb allen Beteiligten, vor allem aber der Berliner Wirtschaft, nur zum Vorteil gereichen.

Viel wird bei diesem Neuaufbau des Westberliner Bankwesens von der Berliner Zentralbank abhängen, die im Zuge der Ausschaltung der Ostmark im März 1949 aus der Währungskommission hervorging, welche für die Reform im Juni 1948 verantwortlich gewesen war und sich der Banken in Westberlin zunächst angenommen hatte. Die Berliner Zentralbank, deren Kapital von 5 Millionen DM vorerst von der Stadt Berlin gestellt wird, entspricht den westlichen Landeszentralbanken, doch hat sie, da Westberlin zur Zeit noch ein besonderes Währungsgebiet ist, zusätzliche Aufgaben von Notenbankcharakter.

Bisher war im wesentlichen von den allgemeinen Geschäftsbanken die Rede. Von der Zerstörung des Berliner Bankwesens wurden aber auch die Institute für die mittel- und langfristige Finanzierung, darunter alle Hypothekenbanken, betroffen. Zunächst gelang es nur, ein einziges Institut für das langfristige Geschäft, nämlich die **Berliner Industriebank A.G.**, mit einem Kapital von 1 Million DM neu zu errichten. Die Bank, deren Kapital neben Berliner Wirtschaftskreisen vor allem die Industriekreditbank A.G. in Düsseldorf gezeichnet hat[1]), soll die aus Westdeutschland bzw. aus dem Marshall-Plan für Berlin seit langem erwarteten Kapitalien an die Berliner Industrie verteilen. Neben dieser Hauptaufgabe wird sie für eine Übergangszeit auch noch den Berliner Export nach dem Westen durch Revolvingkredite finanzieren und insoweit das Geschäft der Warenverrechnungsstelle, einer Abteilung der Währungskommission, fortsetzen.

Es ist zu hoffen, daß auch mindestens je ein öffentliches und privates Hypothekeninstitut die Arbeit aufnehmen werden und die langfristige Baufinanzierung pflegen können. Vielleicht wird es möglich sein, wenigstens auf diesem Gebiet den Block der geschlossenen Banken aufzutauen.

Von Interesse ist, daß die zum Ruhen verurteilten Banken im Zusammenhang mit der Wertpapierbereinigung und der vielleicht bald spruchreif werdenden Regelung der Uraltguthaben beschränkte Aufgaben zu erfüllen haben. Für die weitere Behandlung der ruhenden Banken ist unter Auflösung der Inkassokommission von den westlichen Militärregierungen der **Ausschuß für die ruhenden Berliner Kreditinstitute** gebildet worden.

Nicht unerwähnt darf in dieser Aufzählung das **Postscheckamt Berlin-West** bleiben, das nach der Währungsreform im Juni 1948 gegründet wurde und rasch eine bedeutende Position im Zahlungsverkehr innerhalb Westberlins und mit Westdeutschland erlangt hat. Nach Kontenzahl und Einlagen steht es zur Zeit an zweiter Stelle der Berliner Geldinstitute.

---

[1]) Die Stadt Berlin besitzt eine Option auf 40 % der Aktien.

Zur Vervollständigung des Bildes sind noch die etwa 50 **Wechselstuben** zu nennen, die in einer Stadt, welche mit dem sie umschließenden großen Währungsgebiet der Ostmark trotz aller Abschnürungsversuche doch engstens verbunden ist, eine wichtige Funktion zu erfüllen haben. Ihre Bedeutung ist seit der Aufhebung der Blockade eher noch gestiegen.

Was Berlin noch fehlt, ist das Wertpapiergeschäft und die dazugehörige Börse. Die Wertpapierbereinigung wird aber auch auf diesem Gebiet für eine Rückkehr zu normalen Verhältnissen sorgen, was auch dazu führen dürfte, daß neben den Banken wieder Bankkommissionsgeschäfte entstehen, die sich dem Effektengeschäft widmen.

2. Passivgeschäft

Die durch die 2. Währungsumstellung vom 20. März 1949 bewirkte Stabilisierung der Währungsverhältnisse hatte auch eine Stärkung des Vertrauens zu den Banken zur Folge, deren Tätigkeit sich seitdem nicht unerheblich ausgeweitet hat.

Tabelle 11

Entwicklung der Konten und Einlagen der Westberliner Kredit- und Geldinstitute[1])

Beträge in Mill. DM

Geldinstitut	Westmark							
	31.12.1948		19.3.1949		30.6.1949		31.7.1949	
	Konten Zahl	Betrag	Konten Zahl	Betrag	Konten Zahl	Betrag	Konten Zahl	Betrag
Berliner Stadtkontor	48 575	76,9	49 635	101,4	56 008	134,9	60 582	142,7
Sparkasse	3 948	1,5	4 056	1,5	7 488	3,0	8 927	4,0
Volksbanken	4 755	2,5	5 296	3,2	6 547	5,5	6 906	5,6
Postscheckamt	13 591	9,7	22 734	19,1	33 010	43,7	35 965	41,5
Summe:	70 869	90,6	81 721	125,2	103 053	187,1	112 380	193,8
	Ostmark							
Berliner Stadtkontor	15 643	158,1	20 799	239,2	18 340	141,8	18 435	105,5
Sparkasse	1 457	1,5	1 721	1,5	1 462	1,0	1 410	1,1
Volksbanken	2 494	5,0	3 069	5,3	2 429	2,8	2 355	3,0
Postscheckamt	13 591	35,2	22 734	73,6	28 980	44,9	30 632	18,3
Summe:	33 185	199,8	48 323	319,6	51 211	190,5	52 832	127,9

[1]) ohne Sparkonten und deren Einlagen.

Seit Ende 1948 ist bei allen Geldinstituten sowohl in der Zahl der Konten als auch hinsichtlich der auf diesen Konten unterhaltenen Guthaben eine beschleunigte Steigerung festzustellen. Die Zahl der Westmarkkonten ist vom 31. Dezember 1948 bis 19. März 1949 um 15 % gestiegen, während sich die Guthaben in dieser Zeit um 38,2 % erhöhten. Bis zum 31. Juli 1949 hat sich der Betrag der Einlagen gegenüber dem 19. März 1949 mit 55 % stärker erhöht als die Kontenzahl (+ 37 %).

Der Gesamteinlagenbestand auf den in Ostmark geführten Konten ist seit der Währungsreform naturgemäß stark gesunken; er betrug bei einer Steigerung der Kontenzahl um rund 9 % am 31. Juli 1949 nur noch 40 % des Bestandes vom 19. März 1949.

Die Spartätigkeit bei der Sparkasse und den Volksbanken hält sich noch in sehr engen Grenzen.

Tabelle 12

Entwicklung der Sparkonten und -einlagen

Beträge in Tausend DM

Zeitpunkt	Westmark					
	Insgesamt		Sparkasse		Volksbanken	
	Konten Zahl	Betrag	Konten Zahl	Betrag	Konten Zahl	Betrag
1948, 31. Dez.	116 390	9 587	113 721	9 237	2 669	350
1949, 19. März	117 485	11 324	114 758	10 760	2 727	564
30. Juni	118 461	13 332	115 493	12 703	2 968	629
31. Juli	118 533	13 699	115 539	13 028	2 994	671
	Ostmark					
1948, 31. Dez.	2 681	1 024	2 425	945	256	79
1949, 19. März	6 360	3 334	5 991	3 197	369	137
30. Juni	4 947	1 954	4 656	1 845	291	109
31. Juli	4 826	1 907	4 541	1 805	285	102

Die Zahl der Westmarksparkonten ist in der Zeit vom 19. März bis 31. Juli 1949 um 0,9 % gestiegen, der Einlagenbestand um rund 20 %. Das Durchschnittssparguthaben bezifferte sich Ende Juli auf

116,– DM gegenüber 96,– DM am 19. März 1949; es ist somit noch immer außerordentlich niedrig. Ein Vergleich der *Spareinlagen* in Westberlin mit denen im westdeutschen Währungsgebiet für Ende Juni ergibt, daß *in Westdeutschland rund 52,– DM auf den Kopf der Bevölkerung* entfallen, *in Westberlin* – unter Einschluß der im Verhältnis 1:5,5 in Westmark umgerechneten Ostmarkspareinlagen – dagegen *nur 6,60 DM*, d. h. rund 87 % weniger.

Die Spartätigkeit ist seit Aufhebung der Blockade naturgemäß stark gehemmt. Die Bevölkerung benutzt die verfügbaren Mittel in erster Linie für den Einkauf von Lebensmitteln und die Befriedigung des Nachholbedarfs für Kleidung und andere dringlich zu ersetzende Güter. Auch für den Rückgang der in Ostmarkwährung geführten Konten um 24 % und ihrer Einlagen um 44 % seit dem 19. März 1949 dürften diese Gründe bestimmend gewesen sein.

Tabelle 13

Geldvolumen

Gebiet	Zeit	Zahlungsmittel-Umlauf			Bank- und Spareinlagen			Zusammen Spalte 3 + 6	
		in Mill. M	Anteil an Sp. 9 %	je Kopf der Bev. M	in Mill. M	Anteil an Sp. 9 %	je Kopf der Bev. M	in Mill. M	je Kopf der Bev. M
1	2	3	4	5	6	7	8	9	10
Reichsgebiet von 1933	Ende 1933	5 715	17,2	87	27 410	82,8	415	33 125	502
Reichsgebiet von 1936	Ende 1936	6 964	18,8	103	30 149	81,2	447	37 113	550
Westdeutsch. Währungsgebiet	31. 1. 1949	6 167	35,5	130	11 200	64,5	235	17 367	365
	31. 5. 1949	6 361	32,3	134	13 213	67,7	277	19 574	411
West-Berlin	31. 1. 1949	208	62,5	99	125	37,5	60	333	159
	31. 7. 1949	300	58,2	143	215	41,8	102	515	245

3. Kreditgeschäft

Um Verzögerungen in der Geldversorgung zur Zahlung von Löhnen und Gehältern zu vermeiden, wurde bei Beginn der Währungsumstellung im Sommer 1948 die Währungskommission von der Militärregierung ermächtigt, für diesen Zweck den Westberliner Bankstellen Solawechsel aus der Westberliner Wirtschaft mit einer Frist von 45 Tagen zu diskontieren. Zugleich wurde die Warenverrechnungsstelle als Nebenabteilung der Währungskommission mit der Aufgabe errichtet, den Versand der Produktion von Westberliner Firmen nach Westdeutschland mit 90 % der Rechnungsbeträge zu bevorschussen. Mit der Steigerung der Einlagen bei den Banken entwickelte sich fortlaufend ein Kreditgeschäft, welches jedoch nur den kurzfristigen Geldbedarf decken konnte. Die Hauptlast dieser Geschäfte trugen bisher die Bezirksbanken des Berliner Stadtkontor West und die Filialen der Berliner Volksbank e.G.m.b.H. in den Westsektoren, während die Sparkasse der Stadt Berlin West sich in der Regel von der Gewährung von Betriebsmittelkrediten ferngehalten und nach Maßgabe der ihr zur Verfügung stehenden Mittel, zunächst also in kleinerem Rahmen, in das ihr eigene Kreditgeschäft gegen hypothekarische Sicherheiten bei kürzeren bis mittleren Fristen zur Ausführung von Haus- und Wohnungsreparaturen eingeschaltet hat.

Seitdem das Berliner Stadtkontor West und die Sparkasse der Stadt Berlin West durch eine Errichtungsverordnung der Militärregierungen vom 30. Dezember 1948 selbständige, von den ostsektoralen Einrichtungen völlig getrennte Institute geworden sind und die in den Westsektoren befindlichen Filialen der Berliner Volksbank e.G.m.b.H. eine selbständige Leitstelle gebildet haben, wird das Bank- und Kreditgeschäft in Westberlin nach den gleichen volkswirtschaftlichen Grundsätzen wie allgemein in Westdeutschland ausgeübt; durch die Zulassung von Privatbanken dürfte es eine wesentliche Steigerung erfahren.

Die Kreditgewährung erfolgte in ständiger Fühlung und Zusammenarbeit mit der Währungskommission bzw. später der Berliner Zentralbank mit dem Ziel, die Wirtschaft vor allem in den Schwerpunkten funktionsfähig zu erhalten unter besonderer Rücksichtnahme auf die Sicherung einer möglichst großen Zahl von Arbeitsplätzen.

Einen Überblick über die Entwicklung des Kreditvolumens der Berliner Kreditinstitute gewährt Tabelle 14, in der auch die Kredite der Warenverrechnungsstelle aufgeführt sind.

Tabelle 14

Zahl und Inanspruchnahme der von Westberliner Kreditinstituten gewährten Kredite[1) 2)]
Beträge in Tausend DM

Kreditinstitute	Westmark							
	31.12.1948		31.3.1949		30.6.1949		31.7.1949	
	Zahl	Betrag	Zahl	Betrag	Zahl	Betrag	Zahl	Betrag
Stadtkontor	2 377	17 665	2 637	20 964	4 084	48 479	6 295	62 012
Sparkasse	83	170	379	249	541	963	718	1 490
Volksbanken	956	3 135	1 218	2 958	1 581	4 809	1 684	5 165
Warenverrechnungsstelle	70	19 297	63	19 213	50	27 845	46	28 908
Summe:	3 486	40 267	4 297	43 384	6 256	82 096	8 743	97 575
	Ostmark							
Stadtkontor	151	2 745	234	2 822	71	922	67	838
Sparkasse	19	99	13	5	5	17	7	4
Volksbanken	165	1 172	250	2 418	117	698	114	672
Summe:	335	4 016	497	5 245	193	1 637	188	1 514

[1)] Kredite an Wirtschaftsunternehmungen und Private.
[2)] Privatbanken haben ihre Tätigkeit erst im Laufe des Monats Juli aufgenommen; ihr Kreditgeschäft war Ende Juli noch unbedeutend.

Seit der Außerkraftsetzung der Ostmarkwährung als legales Zahlungsmittel in Westberlin haben sich die **Ostmarkkredite** naturgemäß vermindert; die Zahl dieser Kredite ist in der Zeit vom 31. März bis 31. Juli 1949 um 62% auf 188 gesunken, die Inanspruchnahme um 71% auf DM Ost 1,51 Mill.

In der Zeit vom 31. März bis 31. Juli 1949 hat sich die Zahl aller in **Westmark** geführten Kreditkonten etwa verdoppelt, ihre Inanspruchnahme um 125% erhöht. Die Kreditlimite waren am 31. Juli zu rund 90% ausgenutzt.

Am stärksten ist die Steigerung beim Berliner Stadtkontor West mit einer am 31. Juli gegenüber dem 31. März 1949 um 123 % höheren Kontenzahl und einem um 195 % höheren Kreditbetrag.

Ende Juli war das Kreditvolumen durch hereingenommene Warenwechsel beim Berliner Stadtkontor zu 16,3 %, bei der Sparkasse zu 6,7 % und bei den Volksbanken zu 18,2 % ausgenutzt. Bei allen drei Instituten ist in diesem Verhältnis gegenüber dem Stand für Ende Mai 1949 zwar eine gewisse Besserung zu verzeichnen, doch ist die Entwicklung noch durchaus unbefriegend, wenn man berücksichtigt, daß in Westdeutschland (am 31. Mai 1949) das Volumen der an Wirtschaftsunternehmungen und Private gegebenen Kredite zu rund 32 % durch Warenwechselkredite beansprucht war. Um dieses Mißverhältnis auszugleichen und der Kundschaft den Kredit zu verbilligen, ist das Berliner Stadtkontor West seit Mai d. J. in steigendem Umfange dazu übergegangen, an Stelle von Kontokorrentkrediten Wechselkredite zu gewähren. Hierdurch hat sich der Umfang an Warenwechsel- und Akzeptkrediten um 30,8 % des Gesamtkreditvolumens der Bank erhöht.

Eine spürbare Erleichterung in der Gewährung von Betriebsmittelkrediten durch die Westberliner Banken würde eintreten, wenn sich die westdeutschen Lieferanten mehr als bisher entschließen würden, von ihren Westberliner Abnehmern Akzepte entgegenzunehmen. Um das von westdeutscher Seite befürchtete Risiko soweit als möglich auszuschalten, erteilt die Berliner Zentralbank schriftliche Genehmigungen für den Versand der Wechsel und für die Überweisung der Wechselerlöse in die Westzonen auf Allongen, die mit den Wechseln fest verbunden sind. Ein in dieser Form ausgestatteter Wechsel gilt, da die Gewährleistung für die Überweisung des Gegenwertes gegeben ist, nunmehr als ein in Westdeutschland diskontfähiges Papier.

In den vergangenen Jahren hat der Magistrat bei den bewirtschafteten Gütern weitgehend selbst die Funktion des Handels wahrgenommen und insoweit auch die Warenfinanzierungen besorgt. Vom Sommer 1949 ab werden diese Aufgaben mehr und mehr der privaten Wirtschaft zurückgegeben. Bis Ende September dürfte dieser Prozeß beendet sein. Die hiermit verbundene Erweiterung der

Aufgaben des privaten Handels wird mit Sicherheit eine Erhöhung des Bedarfs an kurzfristigen Krediten hervorrufen, der von den Banken zu decken sein wird.

4. Liquidität

Die gegenüber normalen Zeiten veränderten Zahlungssitten, d. h. die Bevorzugung der Barzahlung und die Vernachlässigung des unbaren Scheck- und Überweisungsverkehrs, begünstigt durch die bisherige teilweise Zinslosigkeit der Bankeinlagen, zwangen die Geldinstitute, in der ersten Jahreshälfte für eine anormal hohe und kostspielige Liquidität Sorge zu tragen.

Tabelle 15

Entwicklung der Bar-Liquidität der Westberliner Kreditinstitute[1]
April — Juli 1949
in Prozent

Kreditinstitut	30. 4. 49	31. 5. 49	30. 6. 49	31. 7. 49
Berliner Stadtkontor	19,9	15,0	8,1	10,0
Sparkasse d. Stadt Berlin	20,0	24,6	12,1	12,7
Volksbanken	30,5	31,0	17,6	18,5

[1] Barbestand und Giroeinlagen im Verhältnis zu den Gesamteinlagen (ohne Sperrguthaben).

Der überaus starke Rückgang der Barliquidität in den Monaten Juni und Juli mag zu einem Teil durch die in letzter Zeit zu beobachtende leichte Besserung der Inanspruchnahme des unbaren Zahlungsverkehrs begründet sein; hauptsächlich ist er aber ein Zeichen dafür, daß die Kreditinstitute sich bemühen, die angesichts der Notlage der Westberliner Wirtschaft sehr hohen Kreditansprüche in größtem Umfange zu befriedigen.

Schaubild 10

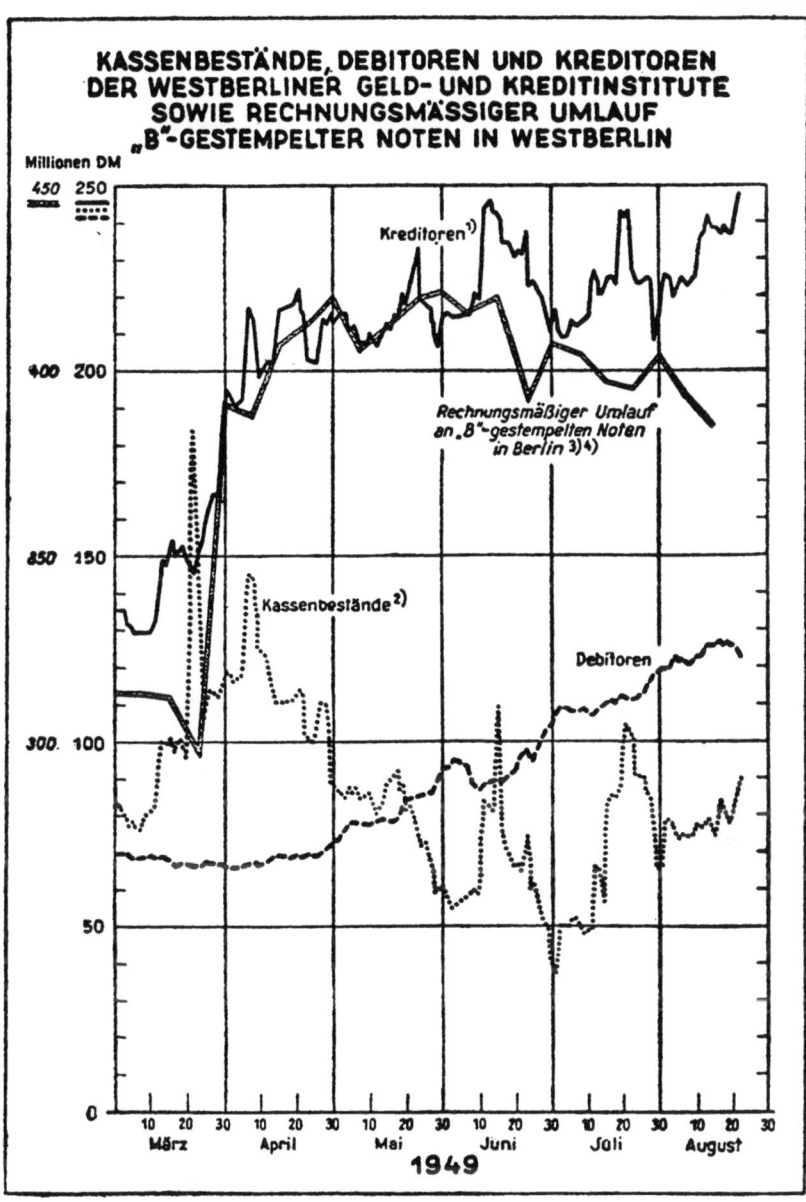

1) einschl. der aus Umstellung gewonnenen Kreditoren.
2) einschl. Guthaben der Berliner Zentralbank bei der Bank deutscher Länder.
3) ohne Kassenbestände bei der Berliner Zentralbank, der Bank deutscher Länder und den Landeszentralbanken und ohne die auf dem Wege nach Berlin befindlichen Sendungen der Bank deutscher Länder, aber einschl. der im sowjetisch besetzten Gebiet befindlichen Noten und der nach Westdeutschland zurückgeflossenen, bei der Bank deutscher Länder noch nicht wieder erfaßten Noten.
4) zur Hohlkurve gehören die am Rande angegebenen Ziffern in Kursivdruck.

Printed by Libri Plureos GmbH
in Hamburg, Germany